지구를 살리는

신비한 문구점

교육과실천

교과서와 연계하여 활용해 보세요!

교과서 연계 단원

사회 6-2   3. 지구촌사람들   **사회 5-1**   2. 우리나라 지리 탐구

과학 5-2   4. 자원과 에너지

실과 6   2. 지속가능한 농업(미래엔기준)

실과 6   3. 지속가능한 생활 자원 관리(미래엔기준)

배움약속(성취기준)

6-1   미세먼지의 원인을 알고, 미세먼지를 줄일 수 있는 방법을 실천한다.

6-2   에너지의 다양한 형태를 알고 일상생활에서 에너지 절약을 위해 노력한다.

6-3   기후위기 상황을 이해하고, 이를 해결하기 위한 방법을 실천한다.

기후·생태를 살리는 생태전환교과서 ⑥

초등 고학년 (5~6학년)

지구를 살리는 신비한 문구점

초판 1쇄 발행 2026년 3월 13일

지은이	이윤미, 김순미, 박미영, 조현정, 하늘빛, 곽정숙, 노현주, 신혜영, 우치성, 임하람		
그린이	박근형, 박미경	**감수**	이정현
발행인	최윤서	**편집**	정지현
디자인	최수정		

펴낸 곳	(주)교육과실천	**인쇄**	031-945-6554 두성 P&L
등록	2020년 2월 3일 제2020-000024호	**일원화 구입처**	031-407-6368 (주)태양서적
주소	서울특별시 중구 창경궁로 18-1 동림비즈센터 505호	**저자 강의·도서 구입**	02-2264-7775
ISBN	979-11-995303-9-3(63370)		

정가   9,500원

저자 강의 및 도서 구입 문의는 교육과실천 02-2264-7775로 연락 주십시오.

차 례

SAVE EARTH

1 **만능 마스크**   **8**
- 미세먼지, 어디까지 알고있니?   8
- 미세먼지, 어디에서 왔니?   12

2 **오싹오싹 아이스크림**   **18**
- 뜨거워지는 지구   20
- 지구온난화의 주범 : 온실가스   24
- 온실가스를 줄이기 위한 작지만 커다란 실천   30

3 **무한 요요**   **36**
- 전기가 궁금해요   37
- 신재생에너지, 누구냐 넌?   44
- 에너지 절약을 실천해요   46

4 **쩌렁쩌렁 마이크**   **48**
- 환경을 위한 삶을 실천하는 멋진 우리   50
- 편지 한 통의 힘, 빨대를 없애다   53
- 환경을 위해 노력하는 사람들   55
- 여러가지 환경정책들   57
- 같이 하는 실천 : 환경 캠페인 활동   59

요즘 날씨가 예전 같지 않다는 말을 어른들이 자주하세요.

미세먼지로 인해 체육수업을 운동장에서 못하는 날도 많아졌어요.

여름이 길어지고 더 많이 더워졌대요. 왜 그럴까요?

지구가 우리에게 어떤 신호를 보내고 있는 것은 아닐까요?

지구를 살리는 착한 에너지를 이용하고 지구의 온도를

낮추는 일에 지금부터 관심을 가져보아요.

주인공

신비한 문구점 주인

나이, 이름 등이 밝혀지지 않은
신비한 인물

김초록, 13세

성격이 활발하고 호기심이 많음.
방과 후에 친구들과 문구점 가는
것이 취미

이런 내용을 공부해요!

지구를 살리는 신비한 문구점

4. 쩌렁쩌렁 마이크
- 환경을 위한 삶을 실천하는 멋진 우리
- 편지 한 통의 힘, 빨대를 없애다
- 환경을 위해 노력하는 사람들
- 여러가지 환경정책들
- 같이 하는 실천 : 환경 캠페인 활동

단원열기

1. 만능 마스크
- 미세먼지, 어디까지 알고있니?
- 미세먼지, 어디에서 왔니?

2. 오싹오싹 아이스크림
- 뜨거워지는 지구
- 지구온난화의 주범 : 온실가스
- 온실가스를 줄이기 위한 작지만 커다란 실천

3. 무한 요요
- 전기가 궁금해요
- 신재생에너지, 누구냐 넌?
- 에너지 절약을 실천해요

단원열기

동에 번쩍! 서에 번쩍!
환경이 파괴되는 곳이라면
어디든지 나타난다!!
신비한 문구점에는 환경을
보호하는 신비한 물건들이
가득해요.

드디어 오늘 기다리고 기다리던 제주도 수학여행 가는 날이다. 빠진 물건은 없겠지? 오마이갓! 제일 중요한 간식을 빠뜨렸네. 문구점에서 사야겠다.

뭐지? 여기 문구점이 있었나? 어제까지만 해도 없었는데... 신상 문구점은 이 김초록님이 들러줘야지.

어서오렴. 환경을 생각하는 신비한 문구점이란다.

마스크는 필요없는데요. 아이고! 늦겠다. 일단 챙겨가야지. 안녕히계세요.

안녕하세요. 이 과자랑 음료수 주세요.

오천원이야. 특별 개업선물로 이 만능 마스크를 줄게. 꼭 필요할 일이 있을 거란다. 허허허

초록이는 공항에서 비행기를 타기 위해 기다리고 있어요.

초록이가 탈 비행기가 제 시간에 출발하지 못했어요. 그 이유는 무엇일까요? 안내 방송 문구를 다시 읽어보며 찾아보세요.

01 만능 마스크

🌼 미세먼지, 어디까지 알고있니?

미세먼지는 지름이 10μm(마이크로미터)이하의 눈에
보이지 않을 정도로 입자가 작은 먼지를 말해요.
미세먼지 중 지름이 2.5μm이하인 크기가 더 작은
미세먼지를 초미세먼지라고 해요. 대기 중으로 배출된 가스
상태의 오염물질이 초미세먼지 입자로 바뀌기도 하는데 미세먼지보다
초미세먼지가 더 위험하다고 해요. 그 이유는 허파꽈리 등 호흡기의 가장 깊은
곳까지 침투하고, 혈관으로 들어가기 때문이에요. 세계보건기구는 미세먼지 중
디젤에서 배출되는 BC(Black Carbon)를 1군 발암물질로 지정했어요.
미세먼지는 인체 뿐만 아니라 동식물, 산업에도 영향을 미쳐요.

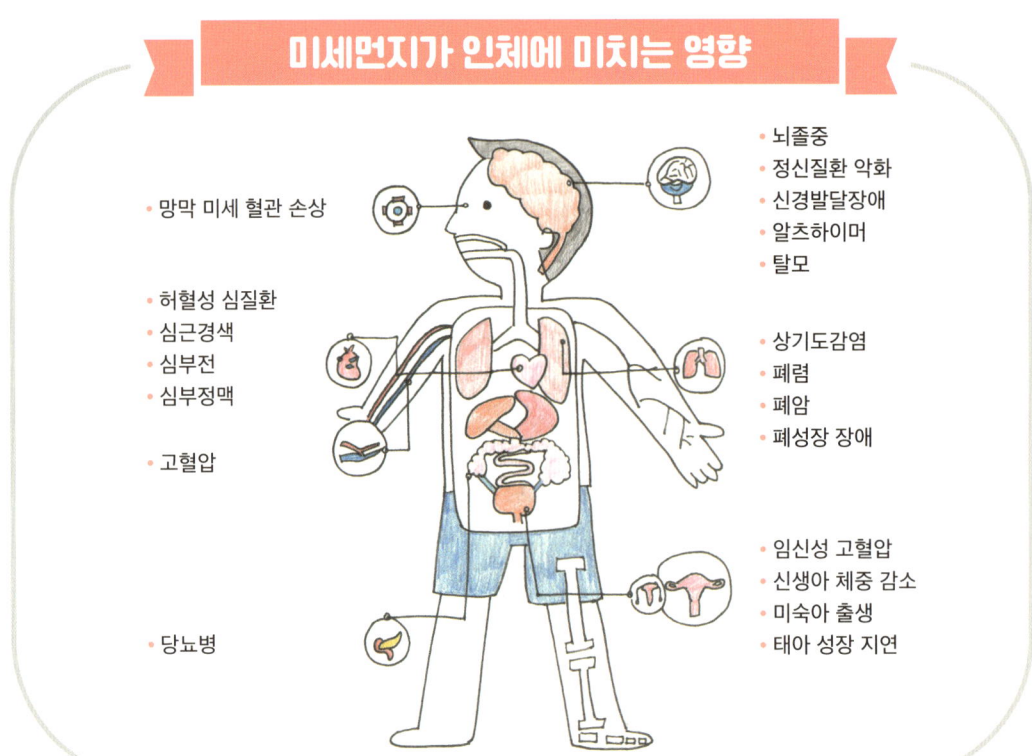

미세먼지가 인체에 미치는 영향

- 망막 미세 혈관 손상

- 허혈성 심질환
- 심근경색
- 심부전
- 심부정맥

- 고혈압

- 당뇨병

- 뇌졸중
- 정신질환 악화
- 신경발달장애
- 알츠하이머
- 탈모

- 상기도감염
- 폐렴
- 폐암
- 폐성장 장애

- 임신성 고혈압
- 신생아 체중 감소
- 미숙아 출생
- 태아 성장 지연

• 미세먼지가 식물에게 미치는 영향

식물의 잎사귀 뒤쪽에는 기공이라는 숨구멍이 있어요. 아주 작은 미세먼지는 식물의 기공을 막아서 광합성을 방해해요. 광합성과 호흡을 원활하게 하지 못하게 된 식물은 생장에 문제가 생겨요. 그리고 미세먼지로 인해 식물의 잎에 도달하는 햇빛의 양이 줄어 식물의 생장을 방해한다고 해요

• 미세먼지가 동물에게 미치는 영향

강아지와 고양이가 사람보다 미세먼지에 더 취약하다는 사실을 알고 있나요? 멕시코시티에서 미세먼지의 농도가 높은 도시에 사는 강아지와 비교적 오염이 덜한 시골에 사는 강아지를 대상으로 폐세포들을 연구한 결과 미세먼지가 많은 곳에 사는 강아지의 폐 건강이 더 안 좋았다고 해요. 미세먼지도 무게가 있는 물질이므로 바닥에 가라앉아요. 반려동물은 사람보다 낮은 곳에 있기 때문에 호흡을 통해 더 많은 양의 중금속에 노출되고 다리와 입의 높이 차도 크지 않아서 걸을 때마다 올라오는 미세먼지를 더 많이 마시게 돼요. 또 산책 이후 미세먼지가 묻은 털을 핥기도 해서 소화기까지 미세먼지가 들어갈 수 있다고 해요.

• 미세먼지가 산업에 미치는 영향

우리나라의 주요 산업인 반도체와 디스플레이 산업의 제조 공정에는 먼지가 들어가면 안돼요. 미세먼지의 농도가 높아지면 이를 제거하기 위한 순환시스템을 유지하는 데 많은 비용이 들어가요. 또 미세먼지가 심해지면 *가시거리가 짧아져요. 이는 교통수단의 운행 특히 비행기와 여객선의 운항에 지장을 줘요.

* 가시거리 : 사람의 눈으로 볼 수 있는 물체까지의 거리

미세먼지 농도 표시하기

[에어코리아]에서 "전국 미세먼지 농도"를 검색하여 지도에 표시해봅시다.

미세먼지(PM.10)	
🔵 좋음	0~30(㎍/㎥)
🟢 보통	31~80(㎍/㎥)
🟡 나쁨	81~150(㎍/㎥)
🔴 매우나쁨	151~(㎍/㎥)

_____년 _____월 _____일

전국에서 미세먼지 농도가 가장 높은 지역은 어디인가요?

전국에서 미세먼지 농도가 가장 낮은 지역은 어디인가요?

여러분이 살고 있는 지역의 미세먼지 농도는 얼마인가요?

미세먼지 농도를 표시하며 새롭게 알게 된 점을 적어봅시다.

미세먼지가 심한 날, 우리는 이렇게 대처해요!

미세먼지 농도 확인하기

충분한 수분섭취

외출시 마스크 착용

실외활동 자제

외출 후 손씻기

 미세먼지 대처법의 모든 것

https://url.kr/wcug7h

출처:안전한TV

미세먼지에 관한 O, X 퀴즈를 풀어봅시다.

1. 미세먼지는 황사와 같다.　　　　　　　　　　　O　　X

2. 미세먼지는 탈모를 촉진시킨다.　　　　　　　　O　　X

3. 미세먼지는 폐 깊숙한 곳까지 도달한다.　　　　O　　X

4. 코털이 많으면 미세먼지를 잘 걸러준다.　　　　O　　X

[정답은 12쪽에]

☀️ 미세먼지, 어디에서 왔니?

미세먼지라는 기상악화를 극복하고 드디어 제주도에 도착했어요.

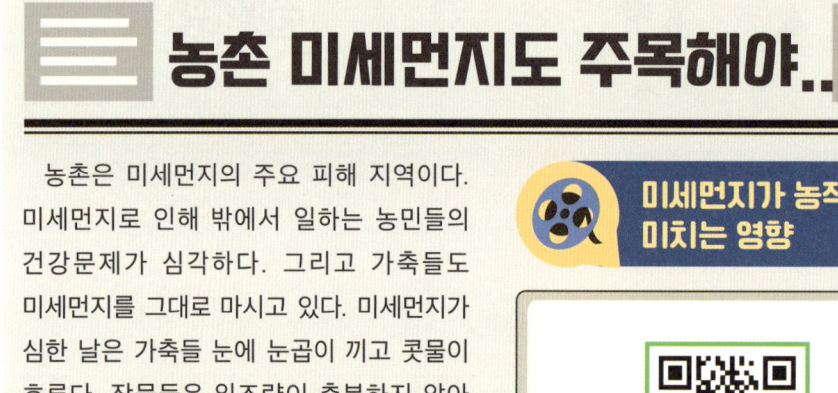

농촌 미세먼지도 주목해야...

농촌은 미세먼지의 주요 피해 지역이다. 미세먼지로 인해 밖에서 일하는 농민들의 건강문제가 심각하다. 그리고 가축들도 미세먼지를 그대로 마시고 있다. 미세먼지가 심한 날은 가축들 눈에 눈곱이 끼고 콧물이 흐른다. 작물들은 일조량이 충분하지 않아 품질이 떨어지고 수확량이 줄어든다.

머리카락보다도 얇은 미세먼지가 우리 삶에 많은 영향을 미치고 있다는 것을 주목해야 한다.

미세먼지가 농작물에 미치는 영향

https://url.kr/ywxmqd

출처:KBS 대전 뉴스

[비밀 정답: X, O, O, X]

체험이 끝난 후 초록이는 농장 밖으로 나왔어요.

다들 제주도로만 놀러오셨나. 왜 이렇게 차가 많아. 콜록 콜록 콜록! 기침이 멈추질 않아. 맞아! 문구점 아저씨가 준 마스크가 있었지.

와! 이 마스크 뭐지? 기침이 바로 멈췄어. 눈도 안 따가워. 이거 대박이다. 도대체 무슨 마스크지? 만능마스크? 뭐가 만능이라는 거지? 설명서 좀 읽어 봐야겠다.

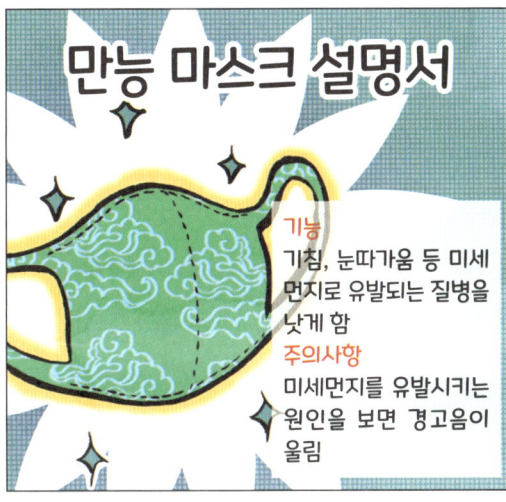

만능 마스크 설명서

기능
기침, 눈따가움 등 미세먼지로 유발되는 질병을 낫게 함
주의사항
미세먼지를 유발시키는 원인을 보면 경고음이 울림

어? 이게 무슨소리지? 마스크를 썼더니 갑자기 소리가 나네?

삐익!

초록이가 만능 마스크를 쓰자 경고음이 울렸어요. 경고음이 왜 울렸을까요?

미세먼지를 일으키는 원인들이 많아요.

석탄화력발전소

굴뚝에서 뿜어 나오는 미세먼지 원인물질이 바람을 타고 전국으로 퍼져요. 2015년 충남지역 석탄화력발전소에서 발생한 미세먼지 원인물질(질소산화물, 황산화물)의 양은 9만 1천톤이에요.

공장

공장의 굴뚝에서 나오는 연기에 측정기를 달아 먼지, 황산화물, 질소산화물 등 7개의 대기오염 물질의 양을 측정해보았어요. 전체 대기오염 배출 물질 중 질소산화물은 68%, 황산화물은 29.5%가 배출되고 있어요. 이 물질들은 미세 먼지의 원인이 되는 물질이에요.

축사

암모니아는 오염물질과 결합하여 미세먼지를 발생시켜요. 국내 암모니아 배출량 중 70%는 축산분뇨에서 나와요. 암모니아는 물에 잘 녹기 때문에 물로만 청소해도 암모니아 농도를 많이 줄일 수 있어요.

미세먼지를 줄이기 위해 사람들은 이렇게 노력하고 있어요.

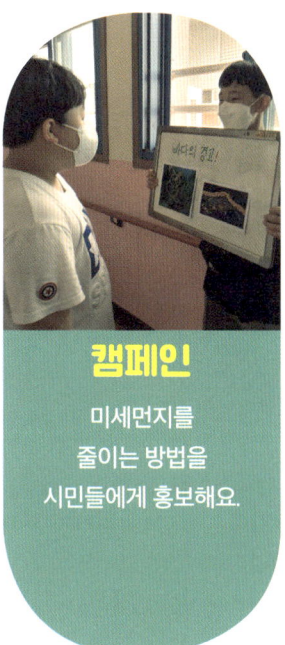

캠페인

미세먼지를
줄이는 방법을
시민들에게 홍보해요.

숲 속 공장

공장 주변의 땅에
공기정화에 도움을 주는
소나무, 전나무, 잣나무
등을 심어 대기질을
좋게하고 쉼터를
만들어요.

미세먼지 배출
제로의 날

매월 25일을 미세먼지
배출 제로의 날로 정해
대중교통 이용하기 등
일상생활에서 할 수
있는 수칙들을
실천해요.

미세먼지
비상저감조치

단기간에 미세먼지를
줄여 대기질을 개선하고
국민건강을 보호하기
위해 차량 부제, 사업장
조업 단축 등을
실시해요.

미세먼지
계절관리제

미세먼지가 제일 많이
발생하는 12월~3월에는
평상시보다 강력한
미세먼지 저감정책을
시행해요.

우리는 미세먼지를 줄이기 위해 어떤 노력을 할 수 있을까요?

미세먼지의 위험성과 심각성을 알리고 미세먼지 줄이기에 동참할 수 있도록 홍보 포스터를 만들어 보아요.

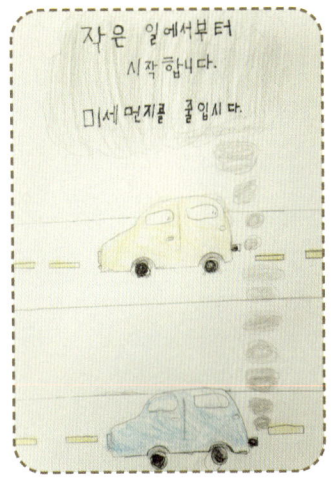  

홍보 포스터를 어떻게 만들지 자유롭게 구상해 봅시다.

공기정화식물의 미세먼지 제거 효과

✎ 영상을 보고, 공기정화식물의 미세
먼지 제거 효과에 대해 적어봅시다.

http://asq.kr/Xc5R3GGT7

출처: 농촌진흥청

미세먼지 정화 식물 기르기

미세먼지를 빨아들이고 깨끗한 산소를 공급해주는 식물들이 있어요.

교실 속 미세먼지를 빨아들이기 위해 우리도 한번 식물을 길러볼까요?

산세베리아

일반식물보다 약 30배 많은 음이온을 배출하고 전자파를 막아주며 이산화탄소를 제거합니다.

고무나무

자동차에서 나오는 배기가스나 아황산 가스를 제거하는 능력이 뛰어나며, 미세먼지를 빨아들이는 능력을 가지고 있습니다.

안스리움

미세먼지를 빨아들일 뿐만 아니라 암모니아를 제거해줍니다.

미국, 캐나다의 폭염

54일 동안의 긴 장마가 끝나자마자 최고온도 35도를 넘는 무더위가 연일 이어지고 있습니다. 외출할 때에는 물을 꼭 챙겨 수분을 섭취하도록 하세요.

이번에는 산불 소식입니다. 기록적인 고온이 계속되면서 산불까지 일어나고 있습니다.

38도. 기록적인 고온에 산불까지 덮친 상황

호주 산불

NEWS 기록적인 고온으로 산불까지 발생

초록아, 너 어제 뉴스봤어?
호주에서 산불이 났는데 몇 달째
꺼지지도 않고 있대….

나도 봤어. 큰일이야.
그런데 오늘 왜 이렇게 더워.
으앙, 우리 아이스크림
사먹자!

오늘은
어떤게 필요하니?

안녕하세요.
아이스크림 좀 사려고요.
그런데 문구점 안도
왜 이렇게 더워요?

옷을 얇게 입고
부채를 쓰면 괜찮은데?
보아하니 너희들에겐
이 아이스크림이 딱이다.
"오싹오싹 아이스크림!"

오싹오싹
아이스크림

*뒷면의 주의사항을
꼭 읽어보세요.

우와. 이름도 시원해 보이는데? 맛있겠다.
주의사항? 아이스크림에 무슨 주의사항?
우리가 아이스크림을 한 두 번 먹어보나?
더우니까 얼른 먹자.

☀️ 뜨거워지는 지구

기후 변화가 전 세계적으로
어떤 피해를 가져오는지 살펴볼까요?

> 2021년, 고온으로 인해 그린란드 빙하는
> 최대치로 녹았고, 기록적인 해빙으로
> 2021년에만 지구 전체 해수면이
> 약 0.1mm상승했습니다.

> 2021년, 북미 지역에선
> '100년 만의 폭염'으로
> 사망자가 속출했습니다.

> 아프리카 북동부지역에 사는
> 1,700만 명이 가뭄으로
> 굶주리고 있습니다.

> 미국에서는
> 허리케인이 자주 발생해
> 지금까지 없던 큰 피해를 입혀
> 사람들이 고통받고 있습니다.

> 2022년, 브라질에서는 40℃가
> 넘는 폭염과 넉 달 째 이어지는
> 폭우로 인명과 재산 피해가
> 심각한 상황입니다.

> 2021년 12월,
> 플로리다 크기의 남극
> 빙하가 붕괴 직전에 있다고
> 과학자들이 경고했습니다.

북극에서는 얼음이 녹아
북극곰이 멸종위기에
놓였습니다.

https://m.site.naver.com/21pdU

출처: KBS 뉴스(2022.8.1.)

유럽에서는 기록적인
폭염이 계속되어
많은 사람들이 사망했습니다.

러시아 수도 모스크바는
기온이 34.8℃까지 치솟아
142년 만에 가장 높은
기온을 기록했습니다.

2022년 4월
남아프리카공화국에서는
하루만에 200 ~ 400mm의 폭우가
한꺼번에 쏟아지는 일이 발생했습니다.

호주에서는 비가 내리지 않아
건조한 산에 자꾸 불이 나서
사람 뿐만 아니라 코알라와
캥거루들이 생명을 잃었습니다.

정말 지구가 더워졌을까요?

지구의 역사를 길게 보았을 때 온도가 1℃ 오르는데 몇 년이 걸렸을까요?

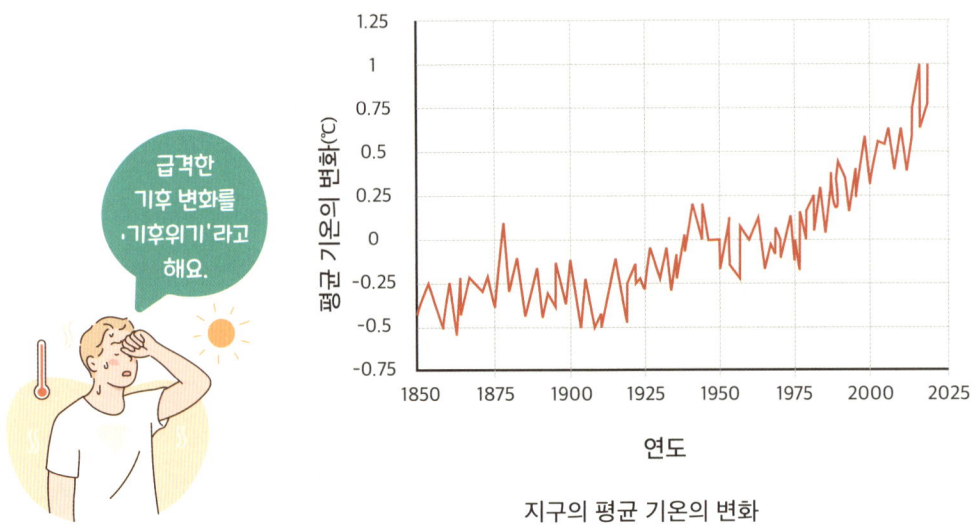

지구의 평균 기온의 변화

1. 최근 100년동안 지구의 온도는 몇℃ 올랐나요? ....

2. 2050년 지구의 날씨는 어떻게 변할까요? ....

3. 2050년 [오늘의 날씨] 기상캐스터가 되어 가상의 시나리오를 써봅시다.

4. 기후변화를 한 문장으로 표현해 보고 그 이유를 써봅시다.

   기후변화는   다.

   그 이유는 ....

기후변화의 원인은 무엇일까요?

지구온도의 비밀을 추적하는 과학자들은 바위, 산호, 빙하 깊은 곳에서 채취한 얼음코어로 공기를 분석합니다. 이 얼음코어에는 얼음이 만들어질 때의 대기정보가 들어있거든요. 과학자들은 이런 기록 연구를 통해서 과거 지구에 온실가스가 늘어나면 기온이 올라갔고, 온실가스가 줄어들면 기온도 내려갔다는 사실을 알아냈지요.

1950년 이전 2백만년 동안은 지구의 이산화탄소 농도가 300ppm을 넘어선 적이 없었어요. 그러나 1950년부터 지금까지 이산화탄소 농도 수치가 가파르게 상승했어요. (ppm: 100만분의 1을 나타내는 단위, 무게 또는 부피에 대해 사용함.)

이산화탄소 농도가 증가하는 시기와 지구 온도변화가 급격히 증가하는 시기가 1950년대로 일치해요. 1950년대 이후 활발하게 이루어진 산업 활동으로 인해 이산화탄소를 비롯한 온실기체를 배출하게 되었기 때문에, 지구의 기온은 점점 상승하게 되었고 기후변화 현상이 나타났어요.

출처: KBS 뉴스(2021.8.9.)

100년도 아닌 50년 만의 일!

기후변화는 바로 사람 때문이었습니다.

🌎 내가 생각하는 기후변화의 원인은 무엇인가요?

🌼 지구온난화의 주범 : 온실가스

온실가스와 온실효과

온실가스란 열을 지닌 채 대기에 떠도는 기체로 이산화탄소, 메탄, 오존 등을 말합니다. 온실가스 덕분에 지구 평균 기온이 15℃로 유지되고 있지요. 온실가스가 없다면 지구 표면 온도는 영하 18℃까지 떨어지고 지구의 생명체들이 살아가기 힘든 환경이 될 거예요.

온실가스가 늘어나면서 지구의 기온이 점점 올라가는 것을 온실효과라고 불러요. 온실가스는 지표면 위에 층을 만들어 담요처럼 태양열을 가두는데, 온실가스가 늘어나면 담요를 많이 덮어 더운 것처럼 태양열이 우주로 돌아가지 못해 지구의 기온을 올라가게 하는 것이지요.

산업이 발달하기 이전에는 대기에 있는 온실가스가 알맞은 양의 태양 에너지를 흡수했어요. 그 덕분에 지구는 매우 안정된 상태를 유지했답니다.

하지만 대기 가운데 온실가스가 늘어나면서 지구가 점점 더워지기 시작했어요. 이를 지구온난화라고 하고 이제는 지구온난화를 넘어 지구가열이라는 용어를 사용하기로 했대요.

빈칸을 채워봅시다.

지구온난화의 주범은 _____ 입니다.

_____ 로 인한 심각한 기후변화와 인간의 환경파괴가

지구를 위협하고 있어요. _____ 가 왜 문제일까요?

- ☑ 극심한 폭염과 한파　☑ 슈퍼 태풍　☑ 강진
- ☑ 가속화되는 생물종의 멸종
- ☑ 사라져가는 열대우림　☑ 물 부족 및 오염

그렇다면, **지구의 온도**가 **1℃** 오를 때마다
세상은 어떻게 변할까요?

1℃ 고산 우림지대가 절반으로 감소하고 북극의 얼음이 녹으며 희귀생물이 멸종한다.

2℃ 산호초나 호주 열대우림같은 생태계들이 회복불능에 빠지고 석회질 성분의 해양생물은 멸종한다.

3℃ 빈민층 인구의 극심한 기아상태가 발생하고 사바나 지대가 사막으로 변한다.

4℃ 남극 빙하가 붕괴되고 러시아와 동유럽에는 더이상 눈이 내리지 않는다.

5℃ 극지방의 빙하가 모두 녹고 내륙의 기온은 10℃ 이상 상승한다.

[온실가스, 온실효과, 지구온난화, 기후변화, 지구가열] 중에 낱말을 골라서 짧은 글을 써봅시다.

어떻게 하면 온실가스를 줄일 수 있을까요?
온실가스를 줄이는 물건과 행동을 선택해 봅시다.

① 쓰레기 발생	VS
② 에너지 생산	VS
③ 탈 것	VS
④ 에너지 사용	VS
⑤ 먹거리	VS

초록이가 온실가스를 줄일 수 있도록 잘못된 행동을 바르게 고쳐주세요.

초록이의 행동	이렇게 바꿔 주세요
1. 친한 친구의 생일이어서 선물을 준비했어. 친구가 깜짝 놀라도록 더 크고 화려하게 포장해야지! 리본도 달거야.	
2. 나는 패션리더! 최신 유행에 맞게 옷을 자주 사 입어야해.	
3. 무엇이든지 눈으로 직접 확인해야 직성이 풀리는 초록이와 가족들! 카드명세서와 같은 우편물은 무조건 종이로 받아야지.	
4. 학교에 절대 지각하지 않는 모범생 초록이! 아침엔 아빠차를 타고 늦지 않게 학교에 와야지!	
5. 여름엔 에어컨을 적당히 틀어야해. 그 정도는 알고 있다고! 더위를 쫓는 샤워는 시원하고 개운하게 오래오래 하는게 좋아.	
6. 시간이 금이다. 계단보다 엘리베이터로 빨리 빨리 움직이자.	
7. 언제 어떤 이메일이 필요할지 모르니 삭제하지 않고 잘 보관해두는 나를 칭찬해!	
8. 금방 다시 돌아올거니까 외출할 때는 TV를 켜고 나가자.	

"안보는 메일 지우세요"
비워 캠페인 '호응'

https://m.site.naver.com/21pft

출처: KBS 강원뉴스(2025.6.28.)

아이스크림을 사고 초록이와 친구들은 더위를 피해 초록이네 집으로 갔어요.

어? 텔레비전이 켜져 있네?

응. 나갈 때 켜놓고 나갔어. 어차피 금방 들어올 거잖아. 그런데 너무 덥다. 에어컨도 켜고, 선풍기도 틀자!

이제 좀 시원하다. 추워지려고 해. 하하! 이제 아이스크림 먹자.

그래도 더워. 온도 좀 더 낮추자.

이상해. 아이스크림이 너무 빨리 녹고 있어. 왜 그러지? 반절도 못 먹었는데, 으앙.

(아이스크림을 요리조리 살펴보던 초록이) 어? 여기 아이스크림 뒷면에 뭐라고 써 있어.

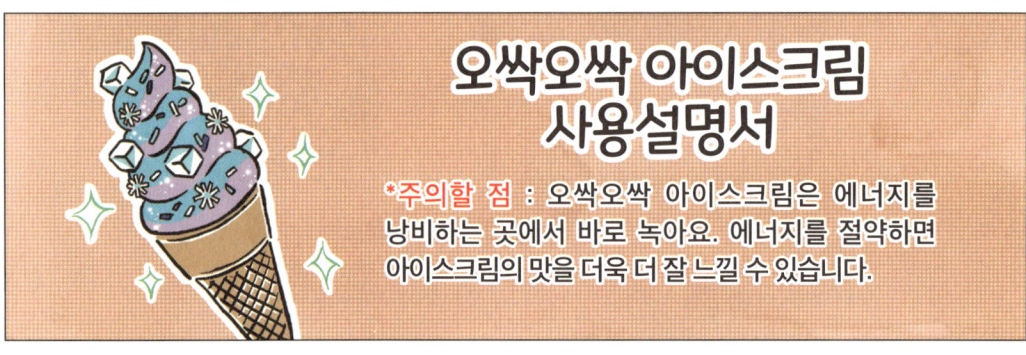

오싹오싹 아이스크림 사용설명서

*주의할 점 : 오싹오싹 아이스크림은 에너지를 낭비하는 곳에서 바로 녹아요. 에너지를 절약하면 아이스크림의 맛을 더욱 더 잘 느낄 수 있습니다.

에어컨을 틀었는데
창문이 열려 있어!
시원한 공기가 나가서
에어컨이 계속 돌아가고 있었나 봐!
창문을 닫자.

텔레비전도 계속 켜 있었네!
우리 지금은 보지 않으니까
텔레비전도 끄자.

에어컨 온도도 조금 높여보자.
26℃로 높였는데도 충분히
시원한데? 그동안 너무 낮은 온도로
에어컨을 사용한 것은 아닐까?

우와! 아이스크림 녹는 것이 멈추었어!
아이스크림 너무 맛있다.
그동안 이렇게 에너지가 낭비되고 있었구나!
또 내가 할 수 있는 일에는 어떤 것들이 있을까?

🌞 온실가스를 줄이기 위한 작지만 커다란 실천

지구온난화를 막기 위해서 각 국가와 정부 차원에서 많은 노력을 하고 있지만 결국 우리 한사람 한사람의 생활방식을 바꾸려는 노력도 필요합니다. 어떻게 하면 우리 생활에서 이산화탄소를 줄일 수 있을까요?

집에서 사용하는 전기를 비롯하여 에너지를 아끼는 일이 중요합니다. 가정에서 나오는 이산화탄소의 40%가 전기에서 나옵니다. 냉장고 문을 자주 열지 않고, 외출할 때 전깃불을 반드시 끄고, 전기제품을 사용하지 않을 때는 코드를 빼놓아야 합니다. 에어컨 냉방온도는 26~28℃, 겨울철 난방은 18~20℃를 유지합니다. 백열등보다는 형광등을 이용하고, 빨래를 할 때도 빨랫감을 모아서 한꺼번에 세탁기를 돌리는 것이 좋습니다.

물과 종이를 아끼는 일도 중요합니다. 양치질이나 세수, 설거지를 할 때 물을 받아 놓고 쓰면 물을 많이 절약할 수 있습니다. 종이는 이면지를 활용하고, 다 본 책은 분리배출을 하거나 필요한 곳에 기증합니다.

또한 쓰레기를 줄이는 일도 아주 중요합니다. 물건을 사기 전에는 꼭 필요한 물건인지 고민해보세요. 매끄럽게 코팅된 것은 재활용이 되지 않으니 될 수 있으면 사용하지 말고, 시장에 갈 때는 장바구니를 활용합니다. 일회용 물건은 되도록 쓰지 않는게 좋습니다.

이제 탈 것에 대해서도 한번 생각해 봅시다. 승용차는 1km를 달릴 때 150g의 이산화탄소를 배출합니다. 가능하면 배기량이 적은 소형차나 대중교통을 이용하고 가까운 거리는 걸어가는 것이 건강에도 좋고 환경에도 좋아요.

한편 먹거리도 잘 살펴봐야 합니다. 먼 나라에서 생산된 야채나 과일은 운반할 때 에너지가 많이 듭니다. 가능하면 우리나라에서 생산한 것을 사먹고, 되도록 가까운 곳에서 생산한 것을 이용하는 것이 좋습니다.

또, 육식은 기후 위기의 커다란 원인 중 하나입니다. 전 세계 온실가스 배출량의 15%정도가 축산업에서 나옵니다. 축산업은 물 낭비의 주범이기도 하죠. 세계 전체 물 소비량의 30%가 축산업에 쓰인대요. 게다가 수많은 가축에게 먹일 사료를 만들려고 옥수수나 콩을 대규모로 재배하기 위해 열대 우림을 비롯한 세계 곳곳의 숲과 땅을 마구 파괴하고 있습니다. 숲의 나무는 이산화탄소를 흡수하는데 이런 숲이 파괴되고 있으니 문제입니다. 소가 트림을 하거나 방귀를 뀔 때 나오는 메탄가스는 이산화탄소보다 20배 이상이나 강한 온실효과를 발생시킵니다. 따라서 고기를 덜 먹을수록 기후 위기를 막는 데 큰 도움이 되지요.

세상의 변화는 나로부터 시작된다는 것을 꼭 기억하세요.
거대한 둑도 미세한 구멍 하나로 무너지기 시작하듯이 세상의 큰 변화 또한 작은 변화가 쌓이고 모여서 이루어진답니다.

지구를 지키기 위한 방법들입니다.
그림을 보고 어떤 방법인지 써봅시다.

장바구니
사용

중고장터
이용하기

• 온실가스로 인한 기후위기 해결, 탄소 중립으로!

기후 위기의 가장 확실한 해결책은 무엇일까요? 바로 탄소 중립입니다. 탄소 중립에서 '탄소'는 이산화탄소를 줄인 말이에요. 그리고 '중립'은 어느 쪽에도 치우지지 않고 중간이 되는 걸 의미하죠. 즉, 탄소 중립은 한마디로 이산화탄소 배출량을 실질적으로 '제로(0)' 상태로 만드는 걸 뜻합니다.

쉽게 풀어서 설명하면, 이산화탄소 배출을 줄이고 이미 배출된 이산화탄소는 이런저런 방법으로 흡수하거나 제거하여, 배출되는 이산화탄소의 양과 흡수되거나 제거되는 이산화탄소의 양을 같아지도록 만듦으로써 이산화탄소의 순 배출량을 0이 되게 만드는 것이 바로 탄소 중립입니다. 지금 세계 곳곳에서는 탄소 중립을 이루려는 다양한 움직임이 아주 활발해요. 우리나라의 경우 2020년에 탄소 중립을 선언하며 기후위기에 대한 책임을 지기 위해 노력하고 있어요. 우리가 이산화탄소 같은 온실가스를 만들어 낼 때마다 지구는 더 더럽혀지고 더 오염되고 있어요. 우리는 지구 여기저기에 탄소발자국을 남기고 있답니다. 이제는 우리가 이 탄소발자국을 줄이려고 노력해야할 때입니다.

지구를 위협하는 발자국
탄소발자국

지금까지 배운 지구의 온도를 낮출 수 있는 방법을 정리하여 봅시다.

 위에 적은 방법 들 중 내가 할 수 있는 일을 찾아 실천하고 학급 SNS에 올려 친구들과 공유해 봅시다.

읽을거리

• 그 밖의 탄소 중립을 위한 움직임

제로 웨이스트 운동

제로(Zero) = 0

웨이스트(Waste) = 쓰레기

🟣 포장을 줄이거나 재활용이 가능한 재료를 사용하여
쓰레기 배출을 0(zero)에 가깝게 하는 운동

🟡 모든 제품이 재사용 될 수 있도록 하자.

🟢 제로웨이스트를 위한 5R실천

- Refuse : 필요하지 않는 것은 미리 거절하기

- Reduce : 어쩔 수 없이 소비해야 한다면 최대한 사용량 줄이기

- Reuse : 모든 자원은 가능한 재사용하기

- Recycle : 더 이상 사용할 수 없는 자원은 재활용하기

- Rot : 쓰레기로 버려진다면 분해되어 돌아갈 수 있는 제품 쓰기(퇴비화)

업사이클링

청바지를
이용한 가방

Upgrade+Recycle의 합성어로, 기존에 버려지던 제품을 단순히
재활용하는 차원에서 더 나아가 새로운 가치를 더해 전혀 다른
제품으로 생산하는 것.

 **인터넷에서 제로 웨이스트와
업사이클링에 관련된 영상을 찾아봅시다.**

03

무한 요요

무한 요요 설명서

기능: 이 요요는 전기가 없어도 무한히 돌아갑니다.
주의: 요요를 그만하고자 한다면 에너지 지킴이가
      되어 에너지에 대해 알아보고 에너지를
      절약하는 방법을 실천해야합니다.

☀ 전기가 궁금해요

전기에 대해 조사해 봅시다.

	화력발전	원자력발전
국내 전기 생산에서 차지하는 비중	%	%

문제점

🌎 전기에 대해 알게 된 점을 적어봅시다.

🌏 전기를 사용하지 못한다면 우리는 어떤 불편을 겪게 될까요?

전기는 어떻게 만들어 질까요?

⚡ 화력발전

화석연료(석유, 석탄, 가스)의 연소로 발생하는 고온, 고압의 기체로 터빈을 돌려 전기를 얻는 방식

장점 발전소 건설비가 저렴함.
단점 화석연료의 고갈, 환경오염

⚡ 원자력발전

우라늄의 핵분열 때 나오는 에너지로 증기를 만들어 터빈을 돌려 전기를 얻는 방식

장점 이산화탄소를 배출하지 않음.
단점 방사성폐기물에 치명적인 독성이 있음.

⚡ 수력발전

물의 힘을 이용하여 발전기를 돌려 전기를 얻는 방식

장점 이산화탄소를 배출하지 않음.
단점 건설비용이 많이 듦.

⚡ 풍력발전

바람으로 풍차를 회전하여 전기를 일으키는
방식

장점 폐기물의 발생이 적음.

단점 소음이 심하고 설치장소를 찾기
어려움.

⚡ 태양광발전

태양전지를 이용하여 태양의
빛에너지를 전기에너지로 변환하는
방식

장점 연료비가 적게 들고 고갈의
위험이 없음.

단점 일조량에 따라 전기생산량이
불안정함.

⚡ 지열발전

지구자체가 품고 있는 땅속의 열로 전기를
생산하는 방식. 주로 화산활동이 많거나
온천이 발달한 지역에 설치

장점 운영비가 적으며 날씨의 영향을 적게
받음.

단점 건설비용이 많이 들고 화산활동이
일어나는 곳이 흔하지 않아 설치
장소를 찾기 힘듦.

내가 살고 있는 지역에는 어떤 종류의 발전소가 있는지 조사해봅시다.

1. 발전소의 종류	
2. 발전량의 크기	
3. 새롭게 알게 된 점	

다음은 에너지원별 발전비율을 나타낸 그래프입니다.
그래프를 보고 질문에 답해봅시다.

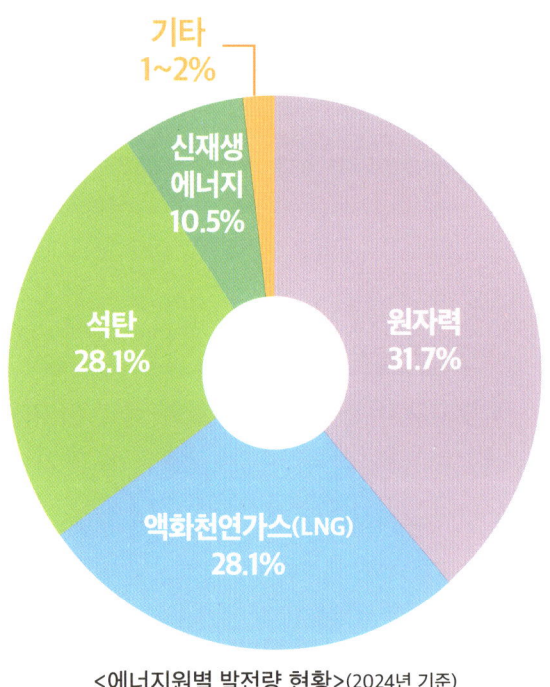

<에너지원별 발전량 현황>(2024년 기준)
출처 : 지표누리(대한민국 공식 전자정부 누리집)

기타 1~2%
신재생에너지 10.5%
석탄 28.1%
원자력 31.7%
액화천연가스(LNG) 28.1%

1. 가장 많은 비중을 차지 하는 에너지원은 무엇인가요?

2. 화석연료(석유, 석탄, 천연가스)가 고갈된다면 어떻게 에너지를 얻을 수 있을까요?

읽을거리

• 원자력 발전의 흑과 백

원자력 발전의 원리는 물을 끓여서 증기를 만들고 이 증기로 터빈을 돌려 발전을 한다는 점에서는 일반 화력발전 방식과 다를 바가 없어요. 화력발전에서는 물을 끓이기 위한 에너지원으로 석탄을 이용하지만 원자력발전에서는 원자로 내에서의 핵분열 반응에 의존한다는 점에서 차이가 나요. 핵연료봉에 저장된 핵연료의 분열이 일어나면서 연료봉은 뜨거워지고 이 주위로 물을 흐르게 하여 뜨거운 증기를 만들어 내요. 이 증기가 터빈을 구동하여 발전기를 돌아가게 해요.

원자력 발전 방식은 다른 발전방식에 비해 초기 건설비용이 높은 편이나 연료비가 월등히 싸기 때문에 발전소의 긴 수명기간을 기준으로 보면 발전비용이 가장 적게 들어요. 또한 원자력 발전은 화석연료를 태울 때 나오는 이산화탄소, 아황산가스, 질소산화물 등 유해물질이 방출되지 않기 때문에 온실효과나 산성비로 인한 생태계 위협 요인들을 제거할 수 있어요.

하지만 원자력 발전과정에서 나오는 핵폐기물은 지구환경과 인간에게 매우 치명적인 독성을 가지고 있어요. 핵폐기물을 안전하게 관리하고 처리하기 위한 안전장치 설치에 추가비용이 들고 방사성폐기물을 장기간 안전하게 관리해야 한다는 점도 문제랍니다.

• 영화나 다큐멘터리를 찾아 시청해 봅시다.

 영화 '판도라'

 다큐멘터리 '새어나온 비밀'

조사학습을 통해 원자력발전에 대한 자신의 의견을 찬성/반대로 결정한 후 반별 신호등 토론을 해봅시다.

신호등 토론 방법

1. 토론주제에 대한 생각과 근거를 정리하고 명패를 색으로 표현한다.

   반대 : 빨강, 고민중 : 노랑, 찬성 : 초록

2. 상대방이 자신의 생각을 확인하도록 명패를 돌린다.
3. 한사람의 이야기가 끝나면 명패를 움직일 시간을 갖는다. 생각이 바뀌었다면 언제든 색을 바꿀 수 있다.
4. 모든 친구의 발표가 끝나면 자신의 명패 색깔을 확인하고 바뀌었다면 이유를 기록한다.

반대
고민중
찬성

주장 :

근거 :

생각이 바뀌었다면 그 이유는?

원자력발전에 대한 자신의 의견을 써봅시다.

주장하는 글에는
주장과 근거가
잘 드러나야 해요.

☀ 신재생에너지, 누구냐 넌?

기타
1~2%

신재생
에너지
10.5%

석탄
28.1%

원자력
31.7%

액화천연가스(LNG)
28.1%

<에너지원별 발전량 현황> (2024년 기준)
출처 : 지표누리(대한민국 공식 전자정부 누리집)

신재생에너지는 신에너지와 재생에너지를 합해 부르는 말이에요. 화석연료를 변환시켜 이용하거나 햇빛, 물, 강수, 생물유기체들을 포함하여 재생이 가능한 에너지로 바꾸어 이용하는 에너지를 말해요. 인구가 증가하고 산업이 발달하면서 화석연료에 대한 수요가 늘고 있어 자원의 고갈과 함께 화석연료의 가격이 상승하는 등 여러 문제가 나타나고 있어요. 또 화석연료가 지구 기후 변화를 일으키는 원인으로 인식되면서 화석연료의 사용량을 줄이고자 신재생에너지에 대한 관심이 높아지고 있어요.

신재생에너지는 재생이 가능하기 때문에 고갈되지 않고, 환경친화적이며 화석연료에 비해 비교적 지구 상에 고르게 분포해요. 그러나 발전소를 건설할 때 자연환경의 영향을 많이 받고 투자비용이 많이 들어 경제성이 낮다는 단점이 있어요.

태양열에너지

태양으로부터 방사되어 지구상에 도달하는 열을 이용하는 에너지를 말한다.

연료전지

수소와 산소가 가진 화학적 에너지를 직접 전기 에너지로 변환시키는 전기화학적 장치로서 수소와 산소를 양극과 음극에 공급하여 연속적으로 전기를 생산하는 새로운 발전기술이다.

수소 H_2 전해질막 공기(산소) O_2 e^- 수소이온 H^+ e^- H_2O O_2 물 수소반응극 산소반응극

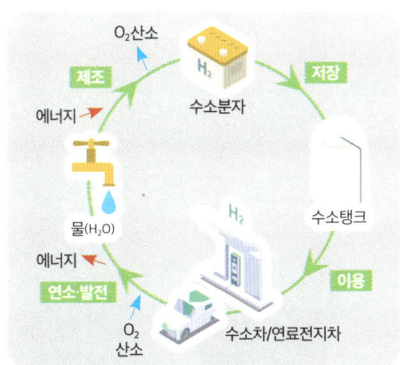

수소에너지

수소 형태로 에너지를 저장하고 사용하는 에너지원이다. 수소 에너지 원료가 되는 물은 지구에 풍부하게 존재하고 수소를 연소시켜도 산소와 결합하여 극소량의 질소와 물로 변하므로 환경오염의 염려가 없다.

바이오에너지

바이오매스를 연료로 하여 얻어지는 에너지로 직접 연소. 메테인 발효, 알코올 발효 등을 통해 얻어진다. 바이오매스 자원으로는 포플러, 버드나무, 아카시아나무, 사탕수수, 고구마, 수생식물, 해조류, 광합성 세균, 농·축산폐기물과 산업폐기물, 도시 쓰레기 등을 직접 또는 변환하여 연료화할 수 있다.

신재생에너지와 그에 대한 설명을 바르게 연결해보세요.

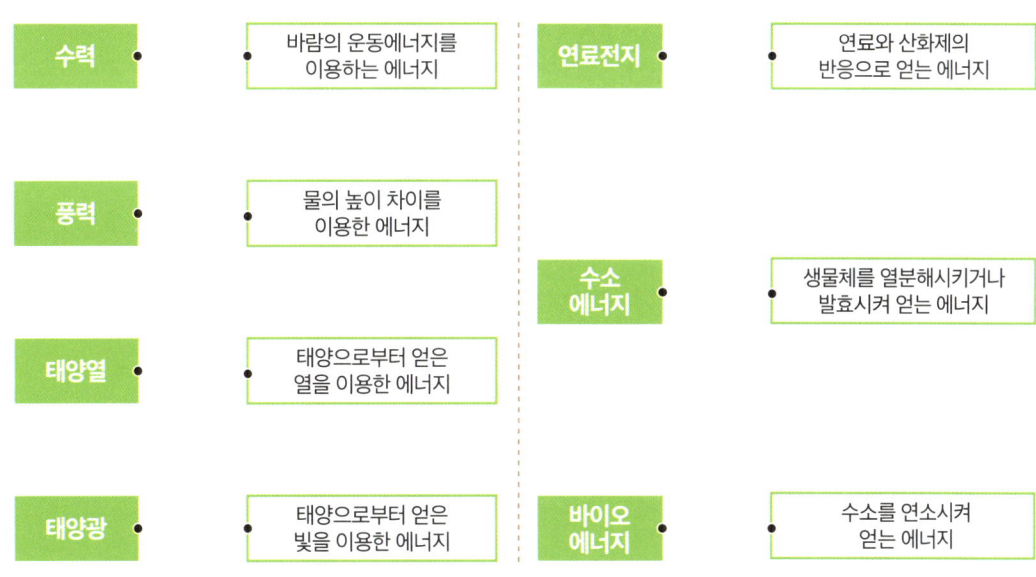

🌟 에너지 절약을 실천해요

초록이를 도와 에너지를 절약할 수 있는 방법을 조사해봅시다.

준비물 : 스마트기기

에너지를 절약할 수 있는 방법

조사한 방법 중 내가 실천할 수 있는 에너지 절약방법을 한가지 정하고 2주동안 체크리스트를 활용하여 점검해봅시다.

내가 실천할 에너지 절약 방법

잘함: ○   보통: △   못함: X

/	/	/	/	/	/	/
/	/	/	/	/	/	/

* '잘함'으로 표시한 날은 몇 일 인가요?   (   )일

🌍 에너지 절약을 실천해 본 소감을 적어보세요.

우와!
드디어 요요가
멈췄다!

🌍 가족에게 에너지 절약에 동참하기를 권유해볼까요?

04

쩌렁쩌렁 마이크

어머 이게 누구야.
우리 신비한 문구점
단골손님들이구나!
여기서 보니 더 반갑다.
그런데 표정이 왜 이렇게
안좋니?

지구가 힘들어 하고 있다는
것을 알리고 지구를 살리기
위해 같이 노력해달라고
알리고 있는데 아무도 관심을
가져주지 않아요….

저런, 그래서 이렇게
시무룩하고 있었구나.
흠… 그렇다면 이게
필요하겠군!
신상품이 나왔다고 해서
문구점에 가지고 가는
길이었는데 마침 잘됐다.
자, 쩌렁쩌렁 마이크란다.
너희들에게
도움이 되길 바란다.

쩌렁쩌렁 마이크

기능 : 이 마이크를 들고 말을 하면
듣는 사람들이 관심을 가지게 된다.
나도 모르게 말을 조리있게 하여
다른 사람들을 쉽게 설득할 수 있다.

지구를 살리는 신비한 문구점 **49**

☀ 환경을 위한 삶을 실천하는 멋진 우리

사람들의 환경에 대한 인식을 알 수 있는 설문 조사를 해 봅시다.

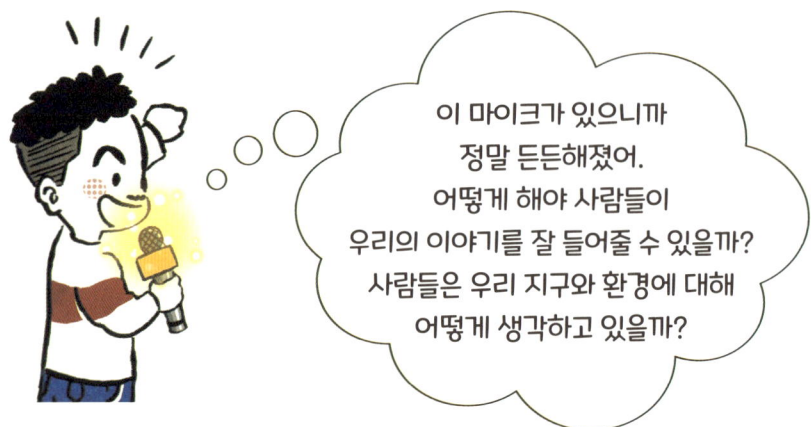

이 마이크가 있으니까
정말 든든해졌어.
어떻게 해야 사람들이
우리의 이야기를 잘 들어줄 수 있을까?
사람들은 우리 지구와 환경에 대해
어떻게 생각하고 있을까?

예시자료를 참고하여 우리반 설문지를 만들어 봅시다.

안녕하십니까? 저희는 '대기오염과 기후위기'에 대해 공부하고 있습니다. 학습 주제와 관련하여 우리 주변 사람들이 지구와 환경에 대하여 어떻게 인식하고 있는지 알아보고자 합니다. 성실한 답변 부탁드립니다.

1. 환경문제에 대해 관심이 얼마나 있나요?

① 관심 없다　　② 보통이다　　③ 관심이 있는 편이다　　④ 관심이 아주 많다

2. 환경 문제 중 가장 심각한 것이 무엇이라고 생각합니까?

① 토양오염(쓰레기, 화학물질, 기름 등)　　② 대기오염(미세먼지, 기체 오염물질 등)

③ 수질오염(생활하수, 공장폐수, 빗물 오염원 등)　　④ 에너지(화석연료, 원자력 문제 등)

3. 평소 분리수거를 잘 하는 편인가요?

① 잘하지 못한다　　② 보통이다　　③ 잘하는 편이다　　④ 아주 잘한다

4. 내가 하는 행동이 환경을 오염시킨다는 것을 알고 있나요?

① 잘 모르겠다　　　　② 조금 알고있다　　　　③ 알고 있다

5. 기후위기라는 말을 들어본 적이 있나요?

① 들어본 적이 있다　　② 들어본 적이 있지만 잘 모르겠다

③ 들어본 적이 있고 아주 잘 알고 있다

6. 환경문제에 대하여 어떻게 생각하나요?

① 아주 심각하다　　② 문제가 있지만 아직은 괜찮다　　③ 아직은 괜찮다

7. 현재 환경 보호를 위한 활동에 참여하고 있나요?

① 참여하고 있지 않다.　　　　② 참여하고 있다.

8. 환경보호에 참여하고 있다면 어떤 활동을 하고 있는지 적어주세요.

설문조사의 결과를 정리하고 발표해 봅시다.

그림, 포스터, 표, 그래프, 뉴스 등 설문결과를 효과적으로 전달할 수 있는 자료를 다양하게 만들면 발표에 도움이 될 것 같아.

친구들의 발표를 들으며 중요한 내용을 메모해 봅시다.

설문조사를 통해 알게 된 것은 무엇입니까?

☀️ 편지 한 통의 힘, 빨대를 없애다.

두 사진의 차이점을 찾아보세요.

아래의 신문기사를 읽어봅시다.

"빨대 빼주세요"…소비자 요구에 기업들, 친환경 경영으로 화답

"빨대 빼주세요"…소비자 요구에 기업들, 친환경 경영으로 화답

환경에 대한 소비자 인식이 높아지면서, 기업에 플라스틱 사용 감축을 직접 요구하는 목소리가 커지고 있다. 이러한 움직임에 발맞춰 **유업 등 국내 기업들이 실질적인 제품 변화로 응답하며 주목받고 있다.

학생들의 손편지가 이끌어낸 변화

최근 소비자들의 친환경 요구는 더욱 구체적이고 적극적인 양상을 띠고 있다. 지난해 말, **초등학교 학생들은 한 음료 회사에 "친환경 제품을 사용해달라"는 내용의 손편지를 전달했다. 이에 음료 회사 측은 직접 학교를 방문하여 학생들의 편지에 답하며 소통하는 모습을 보여주었다.

**유업, '빨대 없는 우유' 출시 시도

소비자들의 요구에 꾸준히 귀 기울여 온 **유업은 마침내 빨대를 제거한 멸균우유를 공식 출시했다. 이 제품은 현재 **유업의 공식 스마트 스토어에서 우선적으로 판매를 시작했다.

**유업은 제품 출시를 기념하여 2주간 공식 SNS를 통해 구매 후기 이벤트를 진행하며 소비자들과의 소통을 이어갈 예정이다.

이처럼 소비자들의 작은 목소리에서 시작된 변화가 기업의 실질적인 친환경 정책으로 이어지는 사례가 늘어나면서, 지속 가능한 소비 문화 확산에 긍정적인 영향을 미치고 있다.

○○신문 20XX년 XX월 XX일 ○○○기자

우리도 지구를 위한 착한 편지를 써봅시다.

시민들의 챌린지와 행동　　　　기업의 변화와 움직임　　　　빨대 없는 우유

내가 자주 사용하던 물건 중에 불필요한 포장이나 일회용품이 있는지 살펴봅시다.

위의 물건을 어떻게 바꾸면 좋을까요? 글이나 그림으로 나타내어 봅시다.

바꾸기 전	바꾼 후

환경을 위해 노력하는 사람들

청소년 환경운동가 : 그레타 툰베리

2019년 10월 23일, 미국 뉴욕 유엔본부에서 유엔 기후행동 정상회의가 열렸어요. 여기에서 놀라운 일이 펼쳐졌어요. 스웨덴의 청소년 환경 운동가 그레타 툰베리가 경제 성장에만 신경을 쓰고 기후 변화 문제에 소극적으로 행동하는 어른들을 비판하는 연설을 했거든요. 툰베리는 열여섯살이던 2018년부터 환경 파괴와 기후변화 문제에 제대로 대처하지 못하는 어른들에 항의하는 운동을 벌이고 있어요. 매주 금요일마다 스웨덴 의회 앞에서 기후 변화 문제를 해결해 달라고 목소리를 높이며 시위를 하고 있답니다.

툰베리의 환경 운동은 조금씩 세계적으로 알려져 전 세계의 청소년들과 시민사회에 영향을 미쳤어요. 또 툰베리와 다른 여러 나라의 청소년 15명은 독일과 프랑스, 브라질, 아르헨티나, 터키 등 다섯 개 나라를 '아동권 협약'에 따른 의무를 지키지 않았다고 고발했어요. 이 나라들은 기후 변화 문제를 막기 위해 적극적으로 노력하지 않고, 다른 나라들과 협력하지 않았으며, 그 때문에 청소년들의 인권을 침해했다는 거죠. 툰베리는 어른들이 기후 변화를 해결하려고 하지 않기 때문에 자신들의 꿈과 어린 시절을 빼앗겼다고 주장하며, 기후 변화로 인해 많은 사람들이 고통 받거나 죽어 가고 있다고 호소했어요.

그레타 툰베리와 같은 청소년들의 주장이 당장 실현하기는 쉽지 않지만, 우리들에게 기후 변화 문제를 새롭게 되돌아 보게 하는 계기가 되었어요.

그레타 툰베리의 연설

https://m.site.naver.com/21prR

출처: 서울환경연합(2019.9.23.)

 그레타 툰베리는 이 회의에 참석하기 위해 태양광 요트를 타고 대서양을 건넜대요. 비행기나 배를 이용하면 탄소 배출이 많기 때문에 이를 피하기 위해서 였답니다.

지구를 지키려고 노력한 환경 운동가에 대해서 알아봅시다.

그레타 툰베리

페트라 켈리

왕가리 마타이

친구들에게 소개하고 싶은 환경운동가를 정하고 그가 한 활동에 대하여 정리해봅시다.

내가 소개하고 싶은 환경 운동가 :

그의 활동 :

 소개자료를 만들어 친구들에게 소개해봅시다

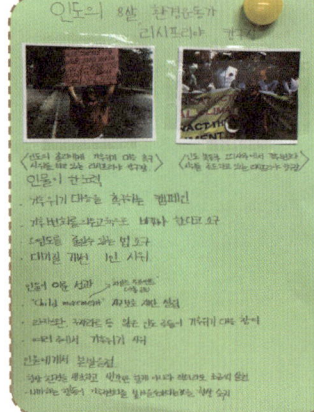

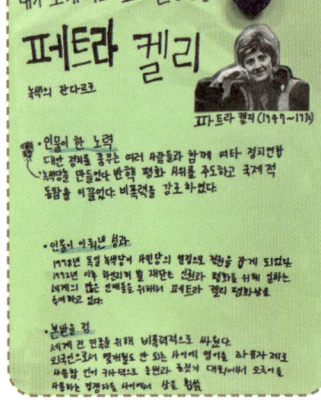

그 밖의 활동 제안

1. 우리반의 환경 운동가를 뽑아봅시다.
2. 학급별, 학년별 투표를 통해 환경상을 수여해봅시다.

 # 여러가지 환경정책들

환경을 위한 스웨덴의 노력

환경 위기를 일찍부터 깨달은 유럽 국가들은 오래전부터 환경보호를 위해 행동해왔어요. 스웨덴은 1967년 세계 최초로 환경 보호 단체인 'Naturvårdsverket'(스웨덴 환경 보호국)을 설립한 것을 시작으로 1995년에는 세계 최초로 탄소 배출에 대한 세금을 부과하기 시작하며 현재까지 탄소 배출을 현저하게 줄이고 있는 모범적인 국가입니다.

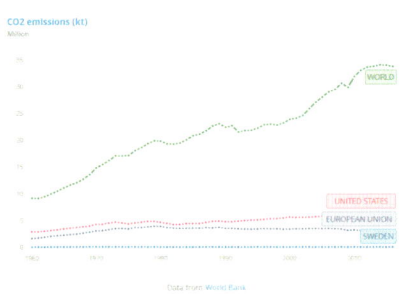

왼쪽그래프는 이산화탄소 배출량을 비교한 것입니다. 2016년 기준으로 전 세계가 배출하는 양은 33,819,491kt, 미국의 배출량은 5,006,302kt, EU 전체가 배출한 양 또한 무려 2,881,629kt로 증가하는 반면 스웨덴은 오히려 43,252kt에 머물며 오히려 감소세를 보이고 있어요. (1kt=1,000t)

스웨덴의 환경보호를 위한 또 다른 정책 중 하나는 자동차 규제 관련 정책입니다. 거주지 내에 차량을 소유하면 주차비를 국가에 내야 하며 이는 지역마다 금액이 달라요.

공용주차장, 길거리 주차 사용 또한 요일과 시간에 제한을 두어 개인 차량으로 이동하기가 쉽지 않은 시스템을 만들었어요. 반대로, 대중교통의 접근성을 높여 어디를 가든 버스, 기차, 지하철 이용이 가능합니다. 또한, 시내 곳곳에 전동 킥보드를 이용할 수 있도록 해 놓았어요. 전기차, 수소차 사용을 권장하고 있으며 심지어 전기 버스가 시범 운행 중입니다.

이렇게 스웨덴 사람들은 환경보호를 위한 정책을 잘 지켜 본인이 노력한 대가를 그 환경으로 다시 보상받고 있으며 무엇보다도 다음 세대인 자녀들도 이러한 혜택을 누릴 수 있도록 노력하고 있지요.

 우리나라의 환경 정책들에는 어떤 것들이 있는지 조사해봅시다

재활용품으로 쩌렁쩌렁 마이크를 만들어 환경정책 연설을 해봅시다.

🌏 나만의 쩌렁쩌렁 마이크를 디자인하고 만들어봅시다.

> * 필요한 준비물 :
>
> * 내 마이크의 특징 :

🌏 내가 대통령이 된다면 기후위기를 대처하기 위한 방안으로 어떤 정책을 펼칠 것인지 연설문을 써봅시다.

🌏 내가 만든 쩌렁쩌렁 마이크를 들고 연설문을 발표해봅시다. 친구의 발표를 들으며 좋은 정책이 있다면 메모해 봅시다.

같이 하는 실천 : 환경 캠페인 활동

피켓을 만들어 더 많은 사람들에게 알리기 위한 캠페인 활동을 해봅시다.

피켓 만들기

버려지거나 이미 사용된 상자를 이용하여 피켓을 만들어 봅시다.

적고 싶은 문구를 생각하며 피켓을 디자인해봅시다.

피켓 디자인하기

캠페인 활동을 마치고 느낀 점이나 소감을 친구들과 이야기 나누어 봅시다.

 캠페인 활동을 마친 후 피켓을 모아 전시해 봅시다.

쩌렁쩌렁 마이크 최고!
환경에 관심을 갖는
우리도 최고!

지금까지 배운 것들을 떠올리며 환경과 관련된 낱말을 적고 빙고 놀이를 해봅시다.

1라운드

	기후위기			

2라운드

				미세먼지

내가 신비한 문구점의 주인이라면 어떤 물건을 만들어 지구를 살리는 데 돕고 싶나요? 물건을 디자인해보고 사용방법과 주의사항을 적어봅시다.

사용 설명서

물건 이름:

온실가스가 줄어들고 있다는 속보입니다.
많은 시민들의 노력으로
온실가스가 줄어들어 지구 온도가 점점
낮아지고 있다는
반가운 소식 전해드립니다.

호호호,
이만하면 초록이네 동네는 된 거 같군.
이제 어디로 가볼까?

" 지구를 살리는
신비한 문구점 주인 아저씨의
정체는 무엇일까요? "

지구온난화와 기후변화에 대해 더 알아보고 싶나요?

📑🔍 **참고도서**

『 내가 조금 불편하면 세상은 초록이 돼요』 김소희 글, 정은희 그림, 토토북	건강한 지구를 만드는 50가지 방법이 소개되어 있어요.
『지구사용설명서 1, 2』 환경교육센터 기획, 김지민 그림, 한솔수북	실천 안 하면 마음 한구석이 뜨끔해지게 만드는 '할 말 다하는 환경책'입니다. 전자 제품의 '사용설명서'처럼 지구를 지키는 방법들을 쉽고도 자세하게 알려줍니다.
『그레타 툰베리가 외쳐요』 자넷윈터 글, 꿈꾸는 섬	어느날 그레타는 선생님에게 기후위기에 관해 배웠어요. 그레타는 자기 자신이라도 지금 당장 할 수 있는 일이 무엇인지, 찾아 해야겠다고 마음먹었어요. 지구를 지키기 위해 학교에 가지 않기로 결심한 거죠. 그레타는 매주 금요일마다 학교 대신 국회의사당으로 갔어요. "기후를 위한 등교 거부"라는 팻말을 들었죠. 처음에는 아무도 관심이 없었지만 점점 그레타의 시위 소식이 곳곳에 퍼지기 시작했어요.

투모로우
The Day After Tomorrow, 2004

개봉	2004. 06. 03.
장르	액션/스릴러/SF/ 어드벤처/드라마
국가	미국
등급	12세이상관람가
러닝타임	123분

기상학자인 잭 홀박사는 남극에서 빙하 코어를 탐사하던 중 지구에 이상변화가 일어날 것을 감지하고 국제회의에서 지구의 기온 하락에 관한 연구발표를 하게 된다.

급격한 지구 온난화로 인해 거대한 재앙이 올 것이라고 경고한다. 그러나 그의 주장은 비웃음만 당한다. 잭은 상사와의 논쟁으로 퀴즈대회 참가를 위해 뉴욕으로 가는 아들 샘을 데려다 주는 것을 잊어 버리고 만다.

비포 더 플러드
Before the Flood, 2016

장르	다큐멘터리
국가	미국
러닝타임	93분

내셔널지오그래픽과 협업하여 만든 영화.

전 세계적으로 직면한 기후 변화의 실상을 보고하고, 이를 대체하기 위한 해결방안들을 제시한다.

영화에서는 세계 각국의 정상과 행정가, UN, 환경전문가들을 만나 인터뷰하면서 온실가스로 심각해진 지구의 상황을 알려준다.

인 더 더스트
Just a Breath Away, Dans la brume, 2018

개봉	2018. 11. 05.
장르	SF
국가	프랑스
등급	12세이상관람가
러닝타임	89분

유럽 곳곳에서 진도 6.7의 지진이 발생하며 혼란이 가속화되고 있는 가운데 프랑스 파리에 지진과 함께 미세먼지가 차오르는 사상 초유의 자연재해가 발생한다. 파리 인구의 60%가 사망한 상황 마티유는 아내 안나와 함께 건물 상층부로 간신히 대피하지만 미세먼지는 빠른 속도로 차오른다. 선천성 질환으로 인해 집 안의 밀폐된 캡슐안에서만 살아갈 수 있는 딸을 구하기 위해 필사의 사투를 벌이는데......